言葉を減らせば文章は分かりやすくなる

大東文化大学文学部教授
山口 謡司
Yoji Yamaguchi

ワニブックス

文章の中の、ここの箇所は切り捨てたらよいものか、それとも、このままのほうがよいものか、途方にくれた場合には、必ずその箇所を切り捨てなければいけない。いわんや、その箇所に何か書き加えるなど、もってのほかというべきであろう。

太宰治『もの思う葦《あし》』

はじめに　「要点のみを残す」短い文章を書くコツ

文章を短くするべき理由は、たったひとつ。
情報を減らすためです。

ダラダラと長い文章には、メッセージがいくつも含まれていて、余計な言葉が多く使われています。
相手が理解できない文章、読みきれない文章は伝わりません。人を動かすこともできないでしょう。

相手に伝わる文章とは、「要点のみを残す」短い文章です。

言いたいことが明確で、余計な部分がない文章は、文字数が少なくシンプルです。

才能やセンスは必要なく、技を知れば誰にでも書けるようになります。

◉「シンプルで伝わる文章」を書くポイントは2つ

メール、企画書、プレゼン資料、報告書、セールス文章、論文、エントリーシート、ＳＮＳ……。

社会人は、文章を書き続けなければなりません。文章の力によって評価される機会が多いのです。

文章能力は、社会人に必須のスキルです。

「うまく書けない」「書き出せない」「何を書けばいいのか迷う」「手が止まる」という文章が苦手な人。

文章は書けるけど、長くなったり、うまく表現できない人。

今でも十分だけど、もっと文章力を高めたい人。

さまざまな段階の人がいますが、社会人は文章力を伸ばして損はありません。より高いレベルを目指しましょう。

「シンプルで伝わる文章」を書くポイントは2つです。

・型に従って、要点がわかるように書く

・余計な文字を減らすことで、要点を目立たせる

これだけです。本書は、このスキルを厳選してご紹介しています。

◉「単純明快な文章」は書く前に出来上がる

「単純明快」――これが伝わる文章です。

文章の中に情報が多ければ多いほど、相手は内容を理解できなくなります。

あれもこれもと要素がつまった文章は長く、わかりにくいのです。

「Aを記憶させつつ、Bも記憶させつつ、Cを理解させる」というつくりの文章を読ませるのは、相手の脳に負担がかかりすぎます。

要点を限定しているからこそ、内容を理解してもらえるし、記憶してもらえるのです。

「思考を整理」して、書くことを明確にする。

「要点のみを残す型」に従って書く。

こうすることで、単純明快な短い文章は出来上がります。

◉文字数と文章数を減らすコツがある

文章の内容の話ばかりではありません。

要点を明確にするには、余計な言葉や文章を減らすことも大切です。

たとえば、「企画書の方をお送りください」という文章の「の方」は使わなくても意味がわかるので不要です。

また、同じような内容の文章を2つ重ねたり、前後の文章と全く関係のない文章も不要です。

これらは、**無意味に「文字数」と「文章の数」を増やす**ことにつながり、要点をわかりにくくします。

不要な言葉と文章を減らすスキルを知ってください。

◉文章力をつけないまま社会人になってしまった人へ

長い文章を見ると、それだけで読みたくなくなります。ダラダラと続く文章は、読んでいても疲れますし、あきてしまいます。

逆説的ですが、**文章を極力書かないことで、伝わる文章が出来上がる**のです。

思考を整理し、型通りに書く。不要な言葉や表現を知り、使わない。意味のない文章を見極める。

これらのスキルが身につけば、「要点のみを残す」短い文章が書けるようになります。

「文章を書けない」人も、「文章スキルをさらに高めたい」人も、ぜひ本書の技を使ってみてください。

「短くわかりやすい文章」を書けるようになります。

使い勝手のいい技を厳選したので、難しくありません。あなたの文章が変わります。

山口謡司

本書の構成について

本書は、「要点のみを残す短い文章」＝「相手に伝わる文章」を、書くための技が紹介されています。
メール、企画書、プレゼン資料、報告書、論文、就活、SNSで役立つ内容になっています。

【1章】では、「書くことを明確にする思考の整理術」を書きました。文章が長くなるのは、何を書くか決まらないからです。

【2章】では、「文章を短くするための型」をご紹介します。この型に当てはめて書けば、文章は短くなります。

【3章】では、「ムダな言葉を削るコツ」を述べました。文字を減らせる勘所がわかるようになります。

【4章】では、「文章表現を変えて短くする技」をご紹介しました。

【5章】では、「語彙の使い方」と「語彙力向上のトレーニング法」を書きました。長い文章も、熟語に置き換えれば短くすることが可能です。

【6章】では、「要約力をつけるトレーニング法」をご紹介しています。要約力を高めると、論理力と読解力も同時に高まり、短文づくりが楽になります。

難しい技はないので安心してください。
文章作成において「書けない」「迷う」「手が止まる」という人から、「すでに十分書けるがスキルアップしたい」という人まで、役立つ内容です。

言葉を減らせば
文章は
分かりやすくなる

目次

第1章
「何を書くか」決まらないから長くなる
書けない、迷う、手が止まる人のための「思考の整理術」

第2章　型を知れば、文章は短くできる

オリジナルをやめ、「当てはめる」だけでいい

第3章 ムダな言葉を削るコツ

文字を減らす反射神経を鍛える

第4章 表現を変えて短くする

意味を変えずに印象を変える技

第5章
語彙《ごい》力をつけて「意味の文章化」をなくす
語彙の使い方とトレーニング法

第6章 要約力が短文づくりを楽にする

論理力と読解力も同時に身につく「要約力トレーニング」

素材提供：file404, VoodooDot /Shutterstock.com

第1章

「何を書くか」決まらないから長くなる

書けない、迷う、手が止まる人のための「思考の整理術」

そもそも書くことは決まっているか？

本書は、文章能力を伸ばしていただくことを目的としています。さらには、短いシンプルな文章で、相手にうまく伝えることを目指します。

しかし、そもそも自分が何を伝えたいのかわかっていなければ、文章を書くことはできません。

書くためには、その内容が必要です。

実は、多くの人が、書くべきことが明確になっていないので文章作成に苦労しています。

文章の質を上げたいのなら、思考が明確になっていることが絶対条件となります。あいまいな状態で文章を書くから、長くなり、わかりづらくなるのです。

この章では、「伝えるべきこと」を明確にする方法をご紹介します。

漠然《ばくぜん》とした考えで書き始めると長くなる

「文章が書けない」「気がついたら文章が長くなっていた」

文章作成で悩んでいる人は多いものです。社会人になると、文章を使って相手に伝える作業から逃れることはできません。

企画書、報告書、プレゼン資料、メール、論文など、文章であなたの意思や状況を相手に伝えなければならない機会が多くあります。

文章がうまく書けない理由は、**書くべきことが自分の頭の中でしっかり決まっていない**からだと私は考えています。

文章力がないという問題以前の段階で、つまずいている人が多いのです。

「伝えるべきこと」「伝えたいこと」が自分の頭の中で明確にイメージされ、整理されている人は、思考をうまく文章化することができます。

逆に、「なんとなくこういうことを伝えたいんだけどな」という程度の考えで書き始めてしまう人は、うまく文章を書くことができません。何を書けばいいのか明確になっていないのに、文章化できるはずがないのです。

頭の中から「これが言いたい」を取り出す

私は職業柄、論文を多く読みます。学者が書いた論文はもちろん、学生の書くレポートや卒業論文も読みます。

論文を読むと、執筆者の思考が整理されて書かれたものかどうかが、すぐにわかります。整理されていない人の文章は、ダラダラと長く、何を伝えたいのかがわからないからです。

「わかりやすくて納得できる」という論文は、短くシンプルな文章が集まっています。この差が生まれるのは、文章力の差というよりも、思考を整理して書いたかどうかの差ではないかと思います。

伝えるべきことが明確ではない状態で文章を書いてしまうと、何を言っているのかわからない文章が出来上がるのです。

わかりやすいシンプルな文章を書くためには、思考を整理することが鍵となります。漠然とした思考をしていては、頭の中の考えはまとまりません。

あらゆる文章を作成するとき、的確に思考を言語化することができません。

そこで、漠然と頭に浮かんでいる考えの中から、「自分はこれが言いたい」と思うことを取り出すことが必要です。

文章を書く前に、頭の中の考えを整理する。

これを怠《おこた》らない人が、短く伝わる文章を書くことができるのです。

2つの軸を使い、思考を明確にする

私が企画書や論文を書くときにやっている、自分の頭の中を整理する方法をお伝えします。

自分の言いたいことを、シンプルにわかりやすく文章に落とし込む準備として最適です。

学生が論文を書くときにも紹介している技なので、難しいことではありません。

思考の整理に最適なのが、２つの軸を立てて考えを明確にすることです。

軸の内容は人それぞれです。**２つの軸が交差する所にあるのが、あなたが伝えたいこと**になります。

たとえば、商品開発の仕事をしているのなら、「興味がある商品」の軸と、「お客さんのメリット」の軸が交差する所にあなたが開発するべき商品があります。そこで浮かび上がった商品の内容を、プレゼン資料の文章に落とし込めばいいのです。

私の場合は、論文のテーマを絞るときにこの軸を使います。「興味のある文献」の軸と、「興味のある時代」の軸が交差する所に、研究するべきテーマがあります。そのテーマを論文に書くのです。

日常でできる思考トレーニング

2つの軸を使いながら、漠然と考えていることを明確にする。自分の思考の形を浮き彫りにするのです。

初めのうちは、一つひとつの軸をイメージしづらいかもしれません。しかし、何度もこの整理法を繰り返していくと、すぐに決めることができるようになります。

トレーニングを繰り返せば誰でも、思考を整理できます。日々、この訓練を行なってください。

仕事に関係ないことでもいいのです。

たとえば、洋服が欲しいときには、「シャツ」の軸と「ブランド」の軸を設定すれば、欲しいシャツが明確になります。

日常の中で、何度も繰り返し行なうことで、思考を整理する力は高まるのです。

キーワードへの紐《ひ》付《も》けが文章化を助ける

２つの軸を使うことで、思考は明確になります。ただ、これだけでは文章化しづらいと思う人もいるでしょう。

具体性がないからです。

そこで、より明確に思考を把握するための作業をご紹介します。

２軸に当てはめて思考を明確にした後に、**「それを形にするための情報を集める」**という作業を行ないます。

営業職の人なら、他社の商品のアフターケアの内容など、なんでもいいから集めます。

まずは、間口を大きく情報を集め、伝えたいことに詳しくなりましょう。とにかく思考により多くの情報量を紐《ひも》付けるのです。そうすることで、よりあなたの考えは明確に浮かび上がってきます。

おすすめなのは、自分なりにキーワードを設定し、情報を集めることです。効果的に思考を明確にできます。

2つの軸が交差する場所にあるものは、抽象的な場合もあります。より具体的なイメージを膨らませるために情報を集めましょう。

自分以外の何者かになり「説得力」を上げる

また、他者視点を持って情報を集めると効果的です。

たとえば、あなたのプレゼン内容を通す立場にある人になりきって、どんな情報が欲しいかを考えてみるのです。

自分とは異なる視点で判断を下す人の感覚を取り入れることで、思考は進化していきます。

思考が明確になったときには気分が高まります。

仕事は、相手があって成り立っている場合が多い。だからこそ、人を納得させられるレベルまで、思考を磨く必要があります。

自分以外の何者かになることであなたの考えは、相手を納得させる力を持ちます。

良質な情報を付加することで、文章の威力も強まるのです。

慣れるが勝ち。
頭の中を
〝思いっきり〟書いて
推敲《すいこう》してみる

「書くことを明確に決めてから書くと言われても……」

という人もいるでしょう。

実際に、文章を書くのが本当に苦手、という人は多いのです。全く書き出せない人もけっこういます。

しかし、これはトレーニングをすれば克服できることなので安心してください。

今では論文や本を書けるようになりましたが、私も初めて文章を書いたときは迷いました。

それでも、書けるようになるので、訓練と慣れが大事なのだと思います。

では、文章が苦手であったり、あまり書く習慣がない人はどうすればいいのでしょうか。

“慣れ”が大事

そういう人は、2軸で考えを明確にしてから書くことにも慣れていないはずです。

まずは1つの軸を明確にして思いっきり書いてみてください。思考を全部書き切ればいいのです。

まずは、どんどん文章を書いてください。そして、文章を書くことに慣れればいいのです。

文章と触れる機会が増えてきたら、2軸で思考を明確にして、このあとご紹介していく型に沿って短く書けばいいのですから。

まずは、書いてみる。

そして、読み直して推敲していくのです。

初心者の推敲のポイントは、

・同じことを何度も言っていないか？

・文と文との流れがスムーズか？

・不必要な情報が入っていないか？

・論旨は明快か？

・スムーズに速く読めるか？

とチェックしていくことです。文章が長くなりすぎたら、句点（。）で切ってみてください。

まずは、文章を書くことに慣れることが第一歩です。

第1章
まとめ

- 文章を書くためには、「伝えたいこと」が必要
- 思考を整理しないと意味不明な文章が出来上がる
- 漠然と頭に浮かんでいる考えの中から、「これを言いたい」と思うことを取り出す作業をする
- 2つの軸を使うと思考が明確になる
- キーワードを元に情報を集める
- 校正には5つのポイントがある

第2章

型を知れば、文章は短くできる

オリジナルをやめ、「当てはめる」だけでいい

オリジナルで書くから長くなる

「そもそも文章を書き始められない……」

この悩みを持っている人は多くいます。文章を短くする以前に、文章が書けないのです。

これを克服するには、**文章に型があることを知る**のが近道です。

文章が長くなってしまう大きな原因も、型に当てはめずに書いてしまうからです。

なんとなく思ったことを書きつづってしまうと、締まりのない文章になり、ダラダラとした印象を与えてしまいます。

この章では、文章の型、最低限のルールをご紹介します。

細かいテクニックで文章量を減らすことも有効ですが、文章量そのものが多くならないようにすることが大切です。

一文一要素が原則

文章が長くなる原因に、一文の中にいくつかの要素を入れてしまう、ということがあります。

ひとつの文章の中に、多くの情報が入っていると、相手は内容を理解できなくなってしまいます。

商品とは、いくつかの要素で成り立っています。商品内容を説明するときに、いくつかの違う要素を一気にお客さんに提示すると、魅力を感じてもらうことはできません。

たとえば、あなたが開発しようとしているパソコンＡには、さまざまな魅力があります。

「大容量」「動作が速い」「動画編集能力が搭載されている」「画質がいい」など、お客さんは購入することで多くのメリットを享受できます。

記憶を消し去る文章とは？

しかし、企画の決裁者に商品説明をするとき、

「このパソコンは、容量が他のノートパソコンより平均して大きく、使用動作も速く、動画編集機能も搭載され、高画質で動画を見ることができる。」

という説明をしたところで、相手は何が言いたいのか理解することができません。情報を一気にまとめて文章化されても、どんなパソコンなのかよくわからないのです。

容量の話をするなら、まずはそのことのみを説明するべきです。

「このパソコンの容量は、他のノートパソコンに比べて1・2倍ある。」

というように、容量の大きさを伝えてから、そのサイズはどんなものか、それにどんなメリットがあるのか、を説明していくべきです。

その説明が終わってから、動作の話をする。

こうしたほうが、相手は商品の説明文を理解することができます。

いくつもの要素がちりばめられていると、相手は文章を読んでいる間にパソコンの情報をどんどん忘れていってしまいます。それどころか情報がひとつも頭に入らない可能性もあります。

ひとつの要素しか入れずに、ひとつの文章を書く。

これを意識することで、文章は短くなるのです。そして、それがわかりやすさにもつながります。

５Ｗ１Ｈは基本中の基本

人は誰もがそれぞれの価値観を持ち、考え方が違います。あなたと感覚が全く同じという人はいないものです。

仕事では、そういった自分以外の人に、文章であなたの思考を伝えることになります。

また、文章をどう書けばいいのか迷ってしまう、という場合に使える文章の型があります。

５Ｗ１Ｈで文章を書く、ということです。

この型に沿って文章を書けば、相手にあなたの考えを伝えやすくなります。

なぜか、英語では習うのに、日本語では習わない

5W1Hとは、

- When　いつ
- Where　どこで
- Who　誰が
- What　何を
- Why　なぜ
- How　どのように

のことです。

5W1Hを意識して文章をつくると、伝える情報が明確になると言われています。

なぜか私たちは、この基本を組み立てて文章をつくることの大切さを、学校でしっかり習いません。

英語の授業では、ＳＶＣなど文章の仕組みを教わるのに、国語の授業では文章の組み立ての訓練がなされないのです。

「『言葉を減らせば文章は分かりやすくなる』は（What）、２０２０年に（When）、山口謠司が（Who）自宅で（where）書いた」

このように、５Ｗ１Ｈの要素を使うと、文章はつくりやすくなります。簡単に、状況や内容を伝えることができるのです。

文章が長くなってしまったり、書き始められないときには、５Ｗ１Ｈを意識してみましょう。

「結論」「根拠」「具体例」のバランスを保っているか？

「何が言いたいのかわからない文章」を書いてしまう人には、特徴があります。

それは、**「結論」「根拠」「具体例」のバランス**が取れていないということです。

結論を述べる。

相手の「なぜ？」「どうして？」に対して理由を述べる。

さらに具体例を出してより納得してもらう。

このバランスが取れている文章は、相手に内容が伝わります。

文章が書けないという人は、まずは、３つの文章をつくることをおすすめします。

「社員にノートパソコンを支給するべきだ。」

「デスクトップでは移動しづらく、コミュニケーション不足になる。」
「A社は自由席にしたことで、議論が活発になり売り上げが伸びた。」

3つの短文をつくってみる

この型に当てはめることで、ダラダラと長い文章を書いてしまうことを防げます。書き始められないということも防げます。

何か考えを思いついたら、3つの文章をつくってみてください。

ダラダラ思いついたことを書きつづるよりも、文章を分けてしまい、短い文章をつくればいいのです。

特に注意することは、**結論の文章が抜けていないか**ということ。

日本人は、「すべて言わなくても相手は感じ取ってくれるだろう」という考えを持っています。

「仕事の量が増えています。先日もBさんが退職しました。」

という報告をしたとしても、相手は「それで?」と思ってしまうものです。

「人員の補充が必要です。」という結論が必要なのです。

感じ取ってほしいという文章は、ビジネスではご法度です。これでは、相手があなたの思惑と違う結論を導き出してしまうかもしれません。トラブルになります。

書くことに迷ったら、短い文章を3つ用意してみてください。

文章の順番で
伝わりやすさが変わる

文章を書くときには、「相手に何をしてもらいたいのか」を示すことから始めると伝わりやすくなります。

相手が「自分はどうすればいいのか」を明確に認識できる文章は、シンプルな構造になっています。

文章にも、伝わりやすい順番があるのです。

小説などでは、最後にオチがあるほうが面白いのですが、ビジネスシーンでは一番重要な結論が最初に来るように心がけましょう。

「この本は古い。しかし、面白い。」「この本は面白い。しかし、古い。」

同じ内容でも、**順序が違うだけで、その文章から相手に伝わる意味は変わってきます。**

内容が明確だとしても、文章の順番を間違えると、自分の思惑通りに相手を動かすことができなくなります。

結論がなかなか登場しない文章は、読んでいて疲れますし、理解させづらいものです。

結論が先！

文章を書くときには、伝えたいことから書く。「結論を述べる文章」→「結論を説明する、補う文章」という流れが理想的です。

次のような業務連絡があったとします。

×

「来週の月曜日に社長が接触の機会をつくりました。商談相手は、50歳の営業課長です。もしかしたら、もう一人営業部長が参加するかもしれません。商談後、懇親会が開かれます。プレゼンの資料を用意しておいてください。」

何が言いたいのかが、わかりにくいのではないでしょうか？

結論は、「プレゼンの資料を用意しておいてください」です。この部分を先頭に持ってきます。

○

「プレゼンの資料を用意しておいてください。来週の月曜日に商談が決まり、相手は50歳の営業課長です。営業部長も参加するかもしれません。商談後は、懇親会が開かれます。」


こちらのほうが、わかりやすいのではないでしょうか。文章量も減ります。先に結論を述べたほうが、次の文章の改良もしやすくなります。

結論のない文章は、何を言っているのかが理解しづらく、ダラダラと続いてしまいます。結論から書けないか、と意識してみてください。

「結」「起」「結」
「承」「結」「結」で
とにかくわかりやすく

三角形のバランスを取りながら文章をつくっていく話をしましたが、他にも型はあります。

あなたは、**「起承転結」**をご存じでしょう。私たちは子供の頃に、話はこの流れで展開されていくものだと教えられました。

起承転結は、中国の漢詩で用いられる文章構成です。漢詩の中でも絶句と呼ばれる種類のものが、この構成でつくられていました。

起句、承句、転句、結句で成り立っており、一句五字の五言絶句と、七字の七言絶句とがあります。

「起」は、話の始まりです。今から、話す内容の背景や事前に知っておいてほしいことが書かれます。

「承」は、話の始まりの続きであり、本題に入る準備です。

「転」は、起承で話したことが転じる部分。本当に話したかったことです。

「結」は、結論。話がどう終わったのかを伝えます。

✍ 英語のわかりやすい構造を利用しない手はない！

もう少し、わかりやすく話します。

「起」桃から桃太郎が生まれました。

「承」鬼ヶ島で鬼が暴れています。鬼を倒すための仲間を集めました。

「転」桃太郎は仲間と鬼ヶ島へ行き、鬼を退治しました。

「結」金銀財宝を持って、村へ帰りました。

もちろんこの型は正解です。ただ、ビジネスシーンではもう少し違う方法がいいかもしれません。

「結」この文章で何を言いたいかを、まず結論から読者にガツンと伝えます。
「起」話の始まり。
「結」話の結論。
「承」話の続き。
「結」話の結論。
「結」話の結論。

実は、英語の文章を読むと、短文でよくこういう構造になっています。結論を何度も言われるので、内容が理解しやすいのです。

ぜひ、この構造を一度使ってみてください。

主語と述語を近づける

主語と述語を近づける意識を持つことで、文章を短くすることができます。

主語は、「何が」「誰が」に当たる文節です。

述語は、「どうする」「どんなだ」「何だ」「ある」に当たる文節になります。

「犬が吠《ほ》える。」「本を読む。」

文章の構造は、**主語＋述語が基本**です。これが文章の骨格となります。

主語と述語の距離が近い文章は理解しやすい。

なぜなら、文章の構成を相手に素早く認識させることができるからです。

卒業論文を読んだり、企画書を読んだりするときに、主語＋述語の基本構造がわかりづらい文章は、内容を理解できません。

「何が（誰が）どうしたのか？」がつかみにくい文章は、相手に伝わらないのです。

この伝わらない理由は、主語と述語が離れているからです。

✍ 分割して近づける

たとえば、次の文章は主語と述語が離れています。

×

「この企画書には、市場の動向と、コンテンツの面白さ、売り上げ見込み額、ターゲットの四要素が盛り込まれている。」

結論の部分を読むまでの間に、情報が盛り込まれています。そこで、文章を短くしてみます。

○

「この企画書には、四要素が盛り込まれている。市場の動向、コンテンツの面白さ、売り上げ見込み額、ターゲットだ。」

主語と述語を近づけるために文章を分けたのですが、スッキリしたと思います。

こうすることで、この企画書には4つのことが書かれていると相手に伝わります。

そうすると、相手はその要素を見つけながら文章を読むので、内容が記憶に残るのです。

文章が長くなったな、と感じたら、主語と述語を近づけられないかを考えてみてください。

第2章まとめ

- 一文には要素を複数入れない
- 「いつ」「どこで」「誰が」「何を」「なぜ」「どのように」を意識すると文章はつくりやすい
- 「結論」「根拠」「具体例」で3つの短文をつくってみる
- 文章の順番を変えるとわかりやすくなる
- 主語と述語の間に、なるべく言葉を入れない

第3章

ムダな言葉を削るコツ

文字を減らす反射神経を鍛える

削る勘所を知る

文章を細かく消していくには勘所があります。

一文の中には、探せばムダな言葉が含まれています。文章に余計なものがあると、本当に伝えたいことがわかりにくくなります。

「文章を削りスッキリさせたいけど、ムダな部分がわからない」という人は多いもの。

そこで、この章では文章を削るポイントについてお話ししていきます。

言葉が少なくなると、情報不足でわかりにくくなるのではないか、と心配する人もいます。

しかし、削っていい所が自分でわかるようになれば、必要な部分は残した文章が出来上がります。**要点だけが目立つ、短い良質な文章が書けるように**なるのです。

「方《ほう》」「かどうか」「ような」は削りやすい

気づかないうちに不要な言葉を入れてしまうことがあります。

その原因は、より情報を詳しく伝えたい。断定してもいいのか迷っている。

会話のときに使っている言葉のクセが出てしまう。

こういったことがあります。

無意識に行なっていることなのでなかなか気づけませんが、**確実に必要がない言葉**が存在します。

その場合は、文章の中の要点に注目し、それを伝えるために「この言葉は本当に必要なのか？」と考えてみることです。

その代表的なものに、

「○○の方」

「○○かどうか」

「○○のような」
があります。

「企画書の方はご確認いただけましたか。」→
「企画書はご確認いただけましたか。」

「販売促進で広告を出すかどうか悩んでいます。」→
「販売促進で広告を出すか悩んでいます。」

「成果を阻害するような要因には、目をそむけたくなります。」→
「成果を阻害する要因には、目をそむけたくなります。」

多くの場合、このように削っても全く問題ありません。

言わなくていいことは言わない！

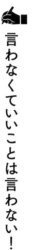

一度、文章を書き、読み直すと案外余計な言葉を使っていることはあるものです。

要点がわかりにくくなるような余計な情報も、省略してしまってください。

たとえば次のような文章は修正できます。

「駅から右に曲がると、突き当たりに緑の屋根のお菓子屋さんが見えてきます。」

↓

「駅から右に曲がると、突き当たりにお菓子屋さんが見えてきます。」

よっぽどわかりにくいお店の場合は別ですが、お菓子屋さんと言っているので、屋根の情報まで入れる必要はありません。短くできるのなら思い切ってカットしていきましょう。

このように、読み返せばなくても意味が通じる言葉があるものです。

意味の重複には2パターンがある

文章の中でカットしてもかまわないのが、重複表現です。

たとえば、「まだ未定です」「隔週《かくしゅう》おきに」「まず最初に」といった、同じ意味の言葉を重ねてしまう表現はやめましょう。


「まだ未定」↓「未定」

「隔週おき」↓「隔週」

「まず最初」↓「最初」


こういった重複表現を避けるためにも、やはり言葉の意味をしっかりと理解しておくことです。

「未定」とは、未だ定まらず、まだ決まっていないということです。隔週とは１週間おきのことです。最初は、一番はじめという意味です。

「受注を受ける」「後で後悔する」なども、同じ意味の言葉を重ねてしまっています。「受注する」「後悔する」としましょう。

また、「よくよく考えてみます」といったような表現は、感情を込めることができます。

しかし、文章を短くしたいときは、「考えておきます」で十分です。

「ちょこちょこしている」「ザーザー雨が降る」といった同じ言葉を続けて書くと、子供っぽい印象を相手に与えてしまいます。相手に「情報を伝えるとき」には重複表現を避け、スッキリした文章をつくりましょう。

一文に同じ意味の言葉がある

「まだ未定」というような連続した重複表現のほかに、一文の中に同じ意味の言葉が入っている場合もあります。

次のようなものがありますが、短くしましょう。

「重複表現をしてしまう理由には、言葉の意味を知らないという理由がある。」
←
「重複表現をしてしまう理由は、言葉の意味を知らないからだ。」

「私がほっとしたのは、納期が間に合って安心したからです。」
←
「私は、納期が間に合って安心しました。」

「お客様がおっしゃるには、商品が汚れていたとおっしゃいました。」
←
「お客様は、商品が汚れていたとおっしゃいました。」

このような表現はやってしまいがちですが、文章を長くしてしまいます。

めまぐるしく変わる主語をひとつにする

文章では、

「私は」「彼は」「これは」

などの主語が不要な場合があります。

文章を短くするときには、主語を省略できないか考えてみてください。

一文の中に2つの主語を入れている場合があります。同じ人、物が主語ならカットしてください。

「私は訪問営業を3件こなしつつ、私のノルマ達成のために新規顧客の獲得をします。」

↓

「私は訪問営業を3件こなしつつ、ノルマ達成のために新規顧客の獲得をします。」

主語を統一する

他にも、主語がめまぐるしく変わっている場合があります。この場合は、主語を統一してみてください。

次の例文は、私、彼、私と主語が変わっていきますが、工夫をすれば文章が短くなります。

「私はイスに腰掛けました。お客さんがお茶を持ってきてくれました。私は一口飲み商品の説明を始めました。」

↓

「私はイスに腰掛けました。お客さんがお茶を持ってきてくれたので、一口飲み商品の説明を始めました。」

これは、主語を私に統一しています。

主語がめまぐるしく変わる文章が続くと、読み手は理解しづらくなります。

同じ主語で文章をつくれないかを考えてみてください。

「お前の話には主語がない。」

などと、社長から新人社員が言われることがあるようですが、日本語は主語がなくても意味が通じる場合があります。

文章には必ず主語がないといけないと思っている人がいますが、不要な場合はカットしてしまってかまわないのです。

無意味な「接続詞」をつけていないか？

接続詞もカットしやすい言葉です。文章と文章につながりをつくるものですが、**必要のない所につけているる**ことは多いものです。

また、接続詞の多用は文章をわかりにくくする場合もあるので要注意です。

接続詞には、いくつかの種類があります。

- 順接「だから」「そこで」「よって」
- 逆接「しかし」「でも」
- 並列「また」「同じく」
- 添加「そして」「さらに」「しかも」
- 対比「一方」「逆に」
- 選択「または」「それとも」
- 説明「なぜなら」

など、これらは削ってしまっても問題ないことがよくあります。

逆接は特に減らすこと！

この文章は、不必要な接続詞が多用されています。

「ある日、ある男の目の前でウサギが木の根につまずいて転がります。そこで、男はしめたとウサギを捕まえて食べました。そして、翌日から男は畑を耕すのをやめて、ウサギが木につまずくのをひたすら待ち続けました。けれども、ウサギは一匹もやって来ず、男は待ちぼうけすることになりました。」

↓

「ある日、ある男の目の前でウサギが木の根につまずいて転がります。男はしめたとウサギを捕まえて食べました。翌日から男は畑を耕すのをやめて、ウサギが木につまずくのをひたすら待ち続けました。ウサギは一匹もやって来ず、男は待ちぼうけすることになりました。」

「けれども」は、残してもいいかもしれませんが、なくても意味は通じます。これほど、接続詞はカットできるのです。

また、逆接の接続詞を多用すると、読み手は文章を理解しづらくなります。逆接とは、予想される結果が表れないときに使われます。条件と結果との間に食い違いが生まれたときに使われるのです。

何度も予想を覆《くつがえ》されていけば、文章の意味がわからなくなってもおかしくありません。接続詞は、前後の文節や文をつなげてくれる役割もしますが、必要のないことも多いのです。文章を削るときの勘所としてください。

接続助詞「が」は
ダラダラ文の大原因

「○○から」

「○○ので」

「○○のに」

「○○けれど」

「○○が」

「○○と」


などの接続助詞も多用してしまいがちです。

接続助詞は用言や「れる」「られる」などの助動詞につき、前後の語句をつなげる役割があります。

これを使いすぎてはいけません。ダラダラと文章がつながっていく原因になるので、注意が必要です。

次の文章は、接続助詞が多用されています。

「私の専門は文献学だが、資料が必要なことが多いので、日本の古典籍の調査をすることがあるけれど、貴重な体験だ。」

↓

「私の専門は文献学だ。資料が必要なことが多い。日本の古典籍の調査をすることもある。貴重な体験だ。」

一文を短くするのなら、ここまで削ることができます。

「が」は特に注意！

特に「が」を使用すると、文章がダラダラと続いていきます。なるべく使わないようにしましょう。
多くの場合、「が」は削り、句点で文章を締めてしまってもいいのです。

「私は書誌学者だが、膨大な資料を必要とする。さまざまな場所へ見学に移動するが、いろんな土地に行ける楽しみもある。」

↓

「私は書誌学者だ。膨大な資料を必要とする。さまざまな場所へ見学に移動する。いろんな土地に行ける楽しみもある。」

このように、「が」の部分で文章を切るとスッキリするので、おすすめの方法です。

すべて改行すると
消していい
一文が見える

文の数が多すぎると感じるときがあります。

特に、文字数が決まっているときなどは、一文の文字を細かく消していくよりも、一文をまるごと削除するほうがいいでしょう。

では、どうすればいいのでしょうか。

私が原稿を書くときに時々やっている方法があります。

１　まず文章を書きたいだけ書く。

２　句点を基に改行する。

３　文章を読み直す。

４　前後の文章でつながりがなかったり、内容が同じ文章があったら削除する。

この流れを行なうことで、文章を削っていくことができます。不要な文章がなくなるので、要点も伝わるようになります。

「重複」と「関係性」で削る文章を決める

次の文章は、私が以前書いた文章を、句点を基に改行したものです。

A　本の内容を読み取るとき、本質を見抜くには客観的な視点で本を読む必要があります。
B　客観的でなければ、本質からズレたことを読み取ってしまいます。
C　客観的に本を読む秘訣に簡単な方法があります。
D　それを知れば、速く読むこともできるようになります。
E　それは、著者の意見に「絶対賛成」という態度で臨まないことです。
F　「本当かな?」と疑ってみるのです。
G　本に書かれていたことに対して、たとえ賛同したとしても、あえて反対の意見を考えてみる。

AとBは、同じようなことを言っています。DはCとはあまり関係のない文章です。本当に伝えたいのは、客観的に読めるようになる方法です。EとFも同じようなことを言っています。B、D、Fを削ることができます。

> **本の内容を読み取るとき、本質を見抜くには客観的な視点で本を読む必要があります。**
>
> **客観的に本を読む秘訣に簡単な方法があります。**
>
> **それは、著者の意見に「絶対賛成」という態度で臨まないことです。**
>
> **本に書かれていたことに対して、たとえ賛同したとしても、あえて反対の意見を考えてみる。**

かなりスッキリした文章になったのではないでしょうか。

改行してみて、つながりがなかったり、意味がない文章は削除しましょう。

読点「、」を捨て、句点「。」を使う

文章を短くするには、句点（。）を使います。ダラダラと続く長い文章は読みにくいものです。

文章は分けるとスッキリするものです。一文を、2つか3つの文章に分ける視点を持ってください。

次の文章は、一文が3行も続いています。文章を分けてみましょう。

「先生が参照した論文を手に入れて読み直し、先生がこれらの論文をどのように読み解いているのかも検証し、必要なら関係することが起こった場所を訪れました。」

↓

「先生が参照した論文を手に入れて読み直しました。先生がこれらの論文を

「どのように読み解いているのかも検証しました。必要なら関係することが起こった場所を訪れました。」

かなり読みやすくなったのではないでしょうか。

ストップばかりでは頭に入らない

読点（、）も多すぎると、文章が読みにくくなります。文字が激減するわけではありませんが、削っていきましょう。

「結論がない話は、相手に話したところで、単なる相談事か、世間話の域を出ない。」

↓

「結論がない話は相手に話したところで、単なる相談事か世間話の域を出ない。」

スッキリしたのではないでしょうか。長いのに読点がない文章は読みにくいのですが、ありすぎるのも同様です。

読み手は、読点で一度立ち止まります。あまりに頻繁《ひんぱん》に読むことをやめさせると、内容が頭に入らなくなるので注意が必要です。

長すぎる文章は、句点で切る。
読点が多すぎるときは、消去する。
こうすることで、文章は短くできます。しかも、読みやすくもなるのです。

動詞は
和語にすればいい

動詞は違う言葉に置き換えると、文字数が少なくなります。
動詞は、漢語を和語にしたほうが文字を減らせるのです。

日本語を表現するための言葉には、基本的に、和語と漢語があります。
和語とは、日本の言葉です。
漢語とは、中国の言葉です。中国から入ってきた言葉です。
訓読みの熟語は和語で、音読みの熟語は漢語です。宿屋は和語で、旅館は漢語です。
また、他にも、基本的に「お」がつくのが和語、「ご」がつくのは漢語になります。
「お知らせ」と「ご案内」、「お願い」と「ご依頼」というような使い分けがされます。

「勉強する」→「学ぶ」
「執筆する」→「書く」
「継続する」→「続ける」

動詞は和語にすることで、文章を短くすることができます。

「100年前の新聞記事について調査することになった。」
↓
「100年前の新聞記事について調べることになった。」

少しの変化ではありますが、文章が積み重なるとバカにできません。

漢語と和語の話については、6章でも少しお話ししています。実は、和語を漢語にすることでも文字は減らせるからです。

漢語から和語、和語から漢語へと置き換える技を身につけてください。

ついつい使ってしまいがちな動詞

話は少しずれますが、次のような場合は、文字数がかなり変わります。

「じっくりよく考える」→「熟考する」

また、「行なう」は多用してしまうものです。

「行なう」→「する」

としたほうがいいでしょう。

「と」と「て」から始まる
無意識の言葉に要注意！

この章の最後に、削りやすい言葉をご紹介しておきます。
まず、「○○という」です。
次のような使い方をしてしまうのでカットしていきましょう。

「きちんと相手に伝えなければ、会話というものは成立しません。」
↓
「きちんと相手に伝えなければ、会話は成立しません。」

「○○ている」もカットしやすいものです。

「マーケティングを担当している人は、顧客情報を大切にしています。」
↓
「マーケティングを担当する人は、顧客情報を大切にします。」

最後に、「○○ていく」です。

「クリエイター同士が協力していくことで、成果は最大化します。」
↓
「クリエイター同士が協力することで、成果は最大化します。」

「○○という」「○○ている」「○○ていく」は無意識に使ってしまうことが多いですが、気づければカットできる可能性があります。

第３章 まとめ

- 「まず最初に」などの重複表現を避ける
- ひとつの文に主語が２個あれば削るチャンス
- 逆接の接続詞が続くと文章は難解になる
- 「が」は多用しがちなので注意
- 「同じような文章」と「関係のない文章」は削る
- 長い文章は句点で区切る
- 無意識に使っている言葉ほど削りやすい

第4章

表現を変えて短くする

意味を変えずに印象を変える技

限界を感じたら
イメージを変えて
減らす

文章は、視点を変えることでも短くすることができます。

単に文章を削ろうとするのではなく、表現を変えてみる。こうすると、いい効果があります。

たとえば、遠回しな表現を直接的にする。ネガティブな文章をポジティブに変えてみる。

「これ以上は文章量を減らせない、でも、短くしたい」

こう感じたときは、**一度文章をつくり直すことを試してみてください。**

多くの場合、表現を変えることで文章がスッキリします。

話す口語から、書く文語へ

文章の表現には、口語と文語の2種類があります。

口語とは、日常生活の会話で用いられる言葉遣いです。文語とは、文章を書くときに使われる言葉です。

口語は、会話の中で使用されるので柔らかい表現になり、文語は、思考を伝えるための文章なので硬い雰囲気になります。

コミュニケーションでは少しくだけた表現を使うので、私たちは文章でも口語を使ってしまいがちです。

また、最近ではＳＮＳを誰もが使っており、身近になっています。ＳＮＳでは硬い表現をする必要がないので、口語を文章にすることが普通になってきているのです。

意味が通じるなら、口語と文語を明確に使い分ける必要はなくなってきているのかもしれません。

ただ、口語を文語にすることで、文章を短くすることができます。

ビジネスシーンでは、スマートな表現が好まれる傾向にあるので、知っておいて損はないテクニックです。

コツは「社長に話しかけるように」

「ちょっと」→「少し」

「かなり多い人数」→「膨大な人数」


このように、会話で使う言葉を文語にすることで、文章が短くなることがあります。

同僚に使っている言葉を、社長に対して使うときにはどうするかな、というような意識を持つといいでしょう。

「今後、人間はＡＩに仕事を奪われるということが言われている。」
↓
「今後、人間はＡＩに仕事を奪われると語られている。」

「ということが言われる」などは使いがちですが、文語に修正可能です。
自分が書いた文章を見直してみると、案外言い換えができる部分を見つけられると思います。
「○○して、○○して」「○○に行って、○○に寄って」などの、似た表現の繰り返しは、会話のときには違和感がありません。しかし、文章にすると、ダラダラと文章が続きますので、「○○した。○○した。」「○○に行った。○○に寄った。」と句点で切ることができます。

自信がなくても婉曲《えんきょく》表現はやめる

日本人は、断定する表現を避ける傾向にあります。

１００％正しいかどうかわからないことは、「こうだ！」と言い切ることをあまりしません。

文章を短くしたい場合は、遠回しな表現を避けることで、文章をスリムにすることができます。

海外の企業や人からよく言われるのが、日本人は真意がくみ取りにくいということです。ＹＥＳなのかＮＯなのか、判断できないというのです。

逆に日本人は、ＮＯのつもりで話したのに、話がＹＥＳで勝手に進んでいたと困惑することがあります。

文章では、婉曲《えんきょく》な表現は削除してしまっても問題ありません。自信がないからなんとなく付け加えてしまった、ということが多いのです。

すぐに見つけられる

婉曲な表現はたくさんあります。

「○○かもしれない」

「○○と言われている」

「○○だろう」「○○のようだ」

「○○らしい」「○○と考えられる」

……などです。探せばもっとあります。

これらは、言い切ってしまえばカットできます。

「スマホに読書の時間を奪われている、と世論調査も結論を導いたようですし、本を読まない人たちの中には時間がなくてという声も少なくありません。」

↓

「スマホに読書の時間を奪われている、と世論調査も結論を導きました。本を読まない人たちの中には時間がないという声もあります。」

このように婉曲表現を削除したり、句点で文章を短くすることができます。

言い切る自信がないときは、つい使ってしまうのがこの表現です。気持ちは私もわかります。

文章を短くしなければならない場合は、思い切って削除してしまいましょう。

例外の存在をにおわせると長くなる

婉曲に似た表現に、逃げの表現があります。要点をわかりにくくすることで、強い表現になることを避けているのです。

上から目線だと相手に感じさせないため。傷つけないため。他者を慮《おもんぱか》る日本人らしい、いい表現でもあります。

しかし、ビジネスの世界では、要点をぼかすと後々トラブルになる可能性もあります。「どう動いてほしいのか」を、明確に伝えるべきです。

察してほしい、という思いで書く文章は、長くなりがちです。

「明後日の納品になると、発売予定日に間に合わない可能性があります。」

↓

「発売日をずらさないため、明日までに納品をお願いします。」

「可能性があります」という「察してくださいというメッセージ」の含まれた表現を変えることで、このように文章がスッキリします。
「明日までに納品」という要点から逃げないことで、文章が短くなるのです。

逃げる文章をやめる

例外を示すことも、要点をごまかすことになります。

「原則として」
「基本的に」
「一般的に」
「通常」

これらの言葉は、削除しても問題ありません。

「原則として日本語では、語頭に濁った音、濁音を置くのを避けると言われています。」
↓
「日本語では、語頭に濁った音、濁音を置くのを避けます。」

このように、要点をぼかさないように注意してください。あいまいさを残したいときに、つい使ってしまう言葉があります。
あなたの意図を相手に伝えるために、そうした語は減らしていきましょう。

ネガティブ文は
ポジティブ文へ

ネガティブな文章は、長くなりがちです。ポジティブな文章に直して、短くしましょう。

否定や禁止、拒絶など、マイナス感情の込もった文章を肯定文にすると、内容も理解しやすくなります。

「会議が終わるまで、参加できません。」

↓

「会議が終わったら、参加します。」

このように文字数を減らせることが多いのです。また、肯定文のほうが、要点が明確になります。

ほかにも、

「わからないでもない」「知らないわけではない」「少なくない」などの「ない」が語尾にくる言葉を使うと、否定文になりますが、短く書き換えることが可能です。

「細部にこだわりすぎてしまう気持ちは、わからないわけではない。」
←
「細部にこだわりすぎてしまう気持ちは、わかる。」

二重否定でも大丈夫！

二重否定の文章もよく見かけます。「以外」「しない」などの否定の言葉が文章中に2つ以上含まれる文章のことです。こちらも、肯定文にすれば、文章を短くできます。

「情報漏洩《ろうえい》を防ぐため、社内のパソコン以外は使用しないでください。」
↓
「情報漏洩を防ぐため、社内のパソコンを使用してください。」

文章は肯定文が基本です。
ネガティブよりポジティブな文章のほうが、相手に与える印象が良いというメリットもあります。

「イメージ」「ひっくり返し」で数字の見せ方を変える

数字を扱う文章では、誰もが悩むものです。

一文に細かい数字をたくさん盛り込むと、相手は内容を理解できなくなります。

たとえば、

×

「弊社の売上高は、２０１１年には24億５７００万円だったが、２０２０年には25億１４６０万円に増えた。」

という文章は、事実を述べているのですが、どのくらい売上が伸びたのかをイメージすることができません。

こういった数字自体を完璧に覚えたいという人はいないでしょう。

会社の数字に関する業務を担当している人は別ですが、数字自体よりイメージを先に伝えたほうがいいでしょう。

どのくらいの変化なのかをイメージしてもらう

○

「弊社の売上高は、２０１１年には24億５７００万円だったが、９年間で２％増えた。」

と、一度イメージを伝えるコンパクトな文章をつくってから「25億１４６０万円になった。」とつなげたほうが、内容を理解してもらいやすいものです。他にも、次のように表現することができます。

○

「弊社の売上高は、２０２０年には25億１４６０万円で、９年前より２％高まった。」

これは、元の文章の順番を逆にしたものです。

数字が含まれる文章の表現は、このように表現できるので、書き換えを行なって短くできたものを採用するといいでしょう。

微増、微減、激増、激減など、イメージを伝えることは大切です。

プレゼンの資料をつくる場合などでも、どのくらい増えたのか、減ったのかということを伝える必要があります。

具体的な数字は説得力を持ちますが、イメージをしづらいのが悩みどころです。

数字を複数提示してインパクトを与えるという手法もありますが、まずはイメージしやすく、短い文章にできないか考えてみてください。

強い「五・七調」、優しい「七・五調」のリズムに近づける

伝わる文章の要素として、言葉のリズムは非常に重要です。

外国語にも、それぞれが持つ独特のリズムがあります。そして、日本語にも日本語のリズムがあります。

日本のリズムの基本は、五・七調と七・五調です。

五・七調とは、５文字、７文字の言葉のリズム。

七・五調とは、７文字、５文字のリズム。

この言葉の数で区切って話すとテンポが良く、文章を理解しやすくなります。

日本語が五・七調を基本にしているというのは、和歌や短歌、俳句のことを考えれば明白でしょう。私たちが普段使っている言葉を考えてもいい。礼儀正しい言葉も五・七調が多いものです。

私たち日本人は、無意識に五音節、七音節のリズムを使っているのです。

字余り、字足らずもオススメ

広告のコピーも、五・七調、七・五調が多いと言われています。

五・七調は人に強い印象を与え、七・五調は優しい雰囲気を人に与えます。車や栄養ドリンクの広告は五・七調が多く、化粧品の広告は七・五調であることがあります。

書類やメールなどのタイトルや見出しに、このテンポを使ってみるのはおすすめです。

また、文章をさらさらと書いておき、ここぞというときに五・七調、七・五調の文章を入れても効果があります。

ただし、最近ではこれをやりすぎると古臭い印象を与えるようになってきました。

そこで、わざと「字余り」や「字足らず」にするのもいい方法です。

文章を5文字、7文字の言葉のリズム、7文字、5文字のリズムに近づけて書いてみてください。

文章も短くできますし、テンポも良くなります。

第4章 まとめ

- ビジネスパーソンらしい言葉を意識する
- 言い切る自信がないときは文章が長くなる
- 例外を示すとごまかす文章ができる
- 否定文は肯定文にしてみる
- どう数字を見せるかで表現が変わる
- 日本語のリズムに近づけるのもひとつの手

第5章

語《ご》彙《い》力をつけて「意味の文章化」をなくす

語彙の使い方とトレーニング法

語彙《ごい》を増やせば
大幅に削れる

知っている言葉の数が豊富で使いこなせる、語彙力が高い人は文章を短くすることができます。

たとえば「矜持《きょうじ》」とは、自信や誇りを持って堂々と振る舞うことを意味します。

矜持という言葉を知らなければ、意味をすべて文章化しなければなりません。

×

「プロとしての、自信や振る舞いを感じます。」

しかし、言葉を知っていれば次のように表現できます。

○

「プロとしての矜持を感じます。」

言葉を知っていることで、文章作成力に大きな差が出るのです。
この章では、文章を短くする語彙の使い方と、そのトレーニング法をご紹介します。

短くする以外にもメリットが多い

語彙力を身につけることは、短い文章を書くためにも役立ちますが、他にも多くのメリットを享受できます。

「頭の中にある考えを的確に表現し、文章化することができる」
「企画書などのビジネス文書で、社会人としてふさわしい表現ができる」
「魅力的な言葉で人を動かすこともできる」

「稚拙《ちせつ》な表現を避け、思慮《しりょ》深い文章を書くことができる」

私たちは、語彙力のレベルで社会人としての評価を決められてしまいます。使う言葉によって、頭の良さを判断されてしまう現実があるのです。知性と教養は、話の端々に表れます。

能力があるのに、語彙力のせいで評価が下がるのはもったいない。

語彙力は、学べば誰でもつけていくことができます。ぜひ、ここからご紹介することを参考に、語彙力を高めてください。

もたもたする言い回しを熟語で短縮する

なかなか文章を短くできないと悩んだときには、熟語を使うことで状況を打開してみてください。

文章を書いていると、「もうこれ以上は削れない」ということがあります。そのときに、最後の手段として、言い換えるということを試みてください。言い換えるのにピッタリの言葉が見つかったときには、文章を短くすることができます。

熟語を見つければ、その意味をまるごと消すことができるので効果的です。

先にも似たようなお話をしましたが、次の文章を見てください。

×

「うっかりど忘れしていました。申し訳ありません。」

本当はよくわかっていることを、うっかりど忘れしてしまうことを、「失念」と言います。

○

「失念していました。申し訳ありません。」

こう言い換えれば、文章を短くすることができます。

最後の手段で打開する

他にも、あります。

「演技の出来はとても優れていました。」

↓
「演技の出来は圧巻でした。」

このように、使いこなせる熟語が増えれば、文章を短くすることが可能になります。

もたもたする言い回しになっている部分を言い換える言葉はないか、この意識を持ちましょう。

ピッタリの言葉が見つかれば、文章を簡潔に表せます。

語彙力がある人ほど、文章をスリムにすることができるのです。

「洗練された言葉」よりも文字数優先！

最近ではビジネスシーンで、英語が日本語の中で使われることが多くなりました。

こういった言葉を使用することで、文章が短くなることもあります。

たとえば、リスケジュールの略であるリスケは、日本語を使うよりも文章が短くなります。

「リスケする」

↓

「計画を変更する」「計画を組み直す」

しかし、英語を日本語に直したほうが、文章が短くなる場合も多くあります。

「フレキシブルに」→「柔軟に」

「マイルストーン」→「標識」

「プライオリティ」→「優先事項」

「コンセンサス」→「合意」

「英語を日本語に」

もし、文章中に英語を使っていた場合、一度、辞書で意味を調べてみてください。文字数を減らすことができるかもしれません。

英語は使うと、カッコよかったり、賢く感じられたりするものです。洗練された感じがするときもあります。

社会人の間で共通言語となっている英語もありますが、それは**口から発するにはいいですが、文章にすると長くなることが多々あります。**

また、馴染みがない英語を使いすぎると、相手が理解できず、わかりにくい文章となってしまいます。

英語が出てきたら、訳してみる。

どちらの文字数が少ないのか比べてみて、英語と日本語のどちらを使うのか判断してください。

実は、和語を漢語にするのもアリ！

先に、動詞は和語にしたほうが文章を短くできるとお話ししました。

しかし、動詞以外の場合、和語を漢語にすることで文字数を減らせる場合があります。

和語を漢語にして文章を短くする、わかりやすい例をご紹介します。

「大学の３年間は、サークル活動にわが身を捧げました。」
↓
「大学の３年間は、サークル活動に尽力しました。」

このように、漢語は文字数を少なくしてくれるのです。

四字熟語は、当然ですが、４つの文字で意味を持ちます。

「千年に一度巡り会うほど珍しい機会」のことを、千載一遇というたった4文字で表します。

うまく文章中に四字熟語を入れることができれば、文章は大きく削れる可能性があるのです。

難しすぎるものはやめておく

次の文章は、四字熟語によって文章を減らしています。

「人の作品をたくさん読んで、その構想をうまく使って、彼は本当に独自のいい作品をつくった」

↓

「彼の換骨奪胎《かんこつだったい》した作品は見事に成功している」

ただし、あまりに皆が知らない四字熟語を使うと、読み手は文章を理解できなくなるので注意が必要です。

漢語と和語の使い分けができるようになると、文章は短くすることができます。

語彙力を身につけて、うまく使いこなせるようになりましょう。

次からは、語彙力を高めるための方法をご紹介しています。私自身、実践してきたことなので、ぜひ参考にしてみてください。

工具書が
語彙力を上げる

ここから、語彙力を高める方法をご紹介していきます。

文章を短くするためには、多くの言葉を知っておく必要があります。

しかし、「どうやって身につければいいのか？」と悩む人もいるでしょう。

そこで、おすすめの方法があります。


工具書を持つことです。

工具書とは、調査、研究をスムーズに進めるため、専門知識の向上のための本です。

私にとっての工具書は、辞典、辞書、目録、地図などになり、研究を行なう上では必要不可欠なものです。

仕事で目標を達成するためには、専門的情報を集める必要があります。

このとき必ず起こる問題が、知らない単語や事柄が出てくるということです。

これを調べるために使うのが工具書です。自分に必要な知識を吸収するために使います。

眺めれば語彙力がつく

工具書を使いながら学習する過程で、語彙力は少しずつ高まっていきます。

専門性を高めるための本をいくつか持ってほしいと思います。

私の場合は、研究を進めるために次のような工具書を持っています。

日本史の年表では、『新国史大年表』（日置英剛編　国書刊行会）。

歴史に関する本では、日本大学通信教育部が発行した『史学研究法１・２・

３・４』。

辞書は、『日本国語大辞典』（小学館）を使っています。

こういった、何かわからないときにものを調べる本を、１冊は持っておきましょう。

あなたに必要な工具書をどんどん増やしながら、語彙力を高めてください。

夜寝る前にパラパラとめくる程度でも、語彙力の向上には役立ちます。

「なんて言えばいいんだろう」がなくなる類語辞典

「こういうことを言いたいんだけど、ふさわしい熟語が出てこない」

こういうことはよくあります。

「気になって心から離れない」という内容の文章を書きたいときに、「懸念」という言葉を思いつくと、文章は短くすることができます。

この、「頭の中に書きたいことのイメージはあるけれど、短く表現できない」という悩みを解消するための方法があります。

それは、類語辞典に触れ合うことです。

たとえば、知らない言葉を辞書で調べる機会があったら、そのついでに類語も調べてみるのです。

そうすると、**語彙のレパートリーが増えていき、頭の中のイメージを楽に文章化することができます。**

「なんとなく、こういうことを表現したい」と考えて書く文章は長くなりがちです。

考えを的確に表現する言葉を使うことができないので、核心の周りをうろうろすることになります。

表現法は多いほうが得！

私は、『類語国語辞典』（大野晋・浜西正人著　角川書店）をよく使います。自分の文章の表現が明確ではないと感じたら、すぐに見ることにしています。

類語辞典を見るクセをつけておくと、使いこなせる語彙はみるみる増えていきます。

何十年と生きても、**一度も使ったことも見たこともない言葉は案外多くあ**

ります。

また、豊富な類語を知っておくと文章を短くすること以外にも、メリットがあります。

同じような言葉ばかりで文章を作成していると、読み手は内容をくみ取りにくくなります。

使われる言葉に変化がないと、刺激がないので文章内容が頭に入ってこないのです。

類語辞典で、インプットを続けることで、文章表現に広がりが生まれます。

もうひとつ、芹生公男編『現代語古語類語辞典』（三省堂）を紹介しましょう。

この辞書は『古事記』や『万葉集』などに使われている言葉から、外来語、英語などに至るまで、丁寧に類語や関連語が紹介されています。
たとえば、「ひとしきり降っては止む雨」という見出しにはこうあります。

上代　驟雨、村雨
中古　村時雨
中世　そばえ（そばへ）
近世　一陣、通り雨

時代によって異なる表現があったことを知ることもできますし、今でも使える表現であれば、そのまま使うこともできます。
語彙力があるということは、画素数の高いデジタルカメラを使うようなものです。画素数が低いと、写真はぼんやりとしか写りません。何を写しているのかさえわからないのです。でも、画素数が高いとクッキリと対象を浮かび上がらせてくれます。

語彙を増やして、ぜひ、言いたいことを直截《ちょくせつ》表現できるようにしてほしいと思います。

１００年前の文章を読み、普遍的な言葉を知る

私たちは日常、仲間内だけでしか通用しないような言葉ばかり使っています。

私の知り合いが、転職した先で言葉が通じないことがあると困っていました。逆に、よくわからない言葉もあるそうです。

これは、転職前と今の職場の仲間では日常的に使う言葉が違うからです。年代も環境も違う相手と意思疎通できる語彙を身につける必要があります。

では、どうすれば普遍的な語彙を身につけられるのでしょうか。

私は、新聞を読むことをおすすめします。

「今どき新聞なんか読む人はいないよ」

という声が聞こえてきそうですが、もう少し話を聞いてください。

100年ほど前の新聞を読んでほしいのです。

あなたに新聞をおすすめするのは、新しい情報を得てもらうためではありません。語彙力を得るためです。情報を得たいのなら、ネットの記事を読めばいいのです。

言葉が入れ替わる前の新聞を読む

１００年前の文章は、現代の文章とは当然違いがあります。言葉は、１００年ほどで入れ替わります。

失われた言葉がちりばめられた文章を読むためには、語彙力が必要です。

逆に、１００年を超えて使われている語彙は、普遍的な言葉なので社会人として知っておいて損はありません。

とはいえ、１００年前の新聞記事にどうやって触れればいいのかわからない人もいるでしょう。

実は、都道府県立の図書館にアクセスすれば読むことができます。縮刷版の昔の新聞が保存してあるからです。

激動の時代の情報に触れられるので、案外飽きずに読むことができます。歴史の本を読んでいるような感覚になるでしょう。

また、今では触れられなくなった、漢語に基づいた美しい言葉を読むことができます。

先に、和語を漢語に置き換える話をしましたが、その能力を高めるためにも役立つでしょう。

わからない言葉が出てきたら調べて、同じような意味の現代で使える言葉を見つけると、それも語彙力向上のトレーニングになります。

第5章 まとめ

- 語彙力がある人は、文章をスリムにできる
- 熟語で、文章を大きく削る
- 類語辞典で語彙のレパートリーを増やす
- 100年前の文章を読むと語彙力が高まる

第6章

要約力が短文づくりを楽にする

論理力と読解力も同時に身につく「要約力トレーニング」

要約力があれば文章を再構築できる

文章を短くする力を高めるために最適なのが、要約力を鍛えることです。

要約とは、文章や話の要点を短くまとめることです。

不必要な情報を削除する、大事なことを見極めて文章を書くために、要約力は必要です。

自分で書いた文章を読み直して要点を確認すると、**再構成して短くすることも可能**です。

要約力を鍛えるトレーニングをすると、文章を正しく読み取り、長い文章を短くまとめることができるようになるのです。

同時に、論理力や読解力まで身につきます。

相手にあなたの考えを理解してもらうには、要約しながら書くことは必要不可欠です。

うまく要約できていない場合、要点を得ない文章が出来上がり、伝わりづらくなります。

他者の時間を奪わないために

ビジネスでは、書類、メールやSNSなど、文章を介したコミュニケーションが多く、短くわかりやすく伝えることが求められます。

コミュニケーション時間を短縮し、相手の時間を尊重するためにも要約力は必要なのです。説明、提案、相談するときに、長い文章で伝えると、読む時間も、理解してもらう時間もかかってしまいます。

「要は、こう言いたいのです」

というメッセージを相手に感じ取ってもらうコミュニケーションをすることは、社会人としてのマナーです。

要約力があれば、文章だけではなく、会話の質も良くなります。

この章では、私が実際にやっているトレーニング法をご紹介していきます。

ぜひ、試してみてください。

本の1章を
40文字にまとめる

本の内容をまとめてみることで、要約力は身につきます。読みっぱなしにせず、内容を自分なりに整理してみてください。

では、どういう読書をすればいいのでしょうか。

私が要約力をつけるためにやっていたのが、**1章を40文字にまとめることです。**

本は、6章ほどの構成が多いので、1冊の内容を240文字で表現することになります。

このトレーニングを繰り返すと確実に要約力は、メキメキとついていきます。

いきなり40文字にするのは難しいかもしれません。

まずは、80文字を目指してみてください。

本の内容を要約するには、２つのポイントがあります。

2つのポイントを知り「30ページ↓40文字へ」

この章には、

「何が書いてあったのか？」

「どんな問題提起がなされ、著者はどのような方法で解決したのか？」

ということを、書いてみるのです。このポイントを押さえると、要約は楽になります。


コツは、**２ページに1個、重要だと感じた文章に線を引く**ことです。その部分には、キーワードがある可能性が高い。

１章を読み終わったら、線を引いた文章だけを読み返してみてください。

すると、要約文をつくりやすくなります。

1章は30ページほどなので、15の文章です。

「30ページ→15行→40文字」

という具合に、文章を圧縮していってください。これが難しいと感じた人は、とりあえず要約のことは忘れて、一度その章の感想を書いてみましょう。

人は感想を書くことで、読んだ内容を思い出そうとします。

「なぜ、そう感じたのか。それは……」と、頭の中で、もう一度その章の記憶を引っ張り出してくるのです。

そのとき思い出したことは、強烈な印象があったということです。その章の中で重要である可能性が高いので、それをそのまま書いてください。要約文に近いものが出来上がります。

新書の文章を写して、音読する

なかなかうまく書けない人は、人の文章を真似してみましょう。

新書を読み、書き写してみる。余裕がある人は音読もしてください。

自分の好きなテーマ、著者の本は、楽しみながら文章力をつけられます。

・文章のリズムが頭に入る
・文章のつくりを覚える

黙読して、写して、音読することには、こんなメリットがあります。


新書には、謎解き形式で話が展開するなど、いくつかのパターンがあります。また、著者独自のパターンもあります。

それらの構造を覚えることはあなたにとって有益です。

「どの構造を使って文章を書こうかな」

こう思えるようになったら、あなたはすでに要約力も身についていることでしょう。

面白そうなテーマ、好きな著者の本を手に取り、文章を真似してみてください。

こうしてテクニックを身につけていくと、自分も書くことが楽しくなります。

何もしないで上手な文章が書けるようになることはありません。だからこそ、文章に触れる習慣をつけてほしいのです。書くことに慣れてください。

文章表現が磨かれる

文章も、プレゼンも同じです。

私は構造が似ていると考えています。
要点をわかりやすく伝える。
人が驚く仕掛けをつくる。
文章でも話でも、この２つは必須の条件です。新書は、文章表現を磨くいい教材です。
面白くて、人に伝わる文章の書き方を教えてくれます。
黙読して、写して、声に出して読む。
楽しみながら文章力を高めてください。

社説を使って
文章の再構築力をつける

要約力をつけるには、社説を読むのもおすすめです。

図書館に行き、社説をコピーしてストックしておくといいでしょう。ネット上で読んでもいいと思います。

社説とは、新聞でその社の意見や主張を書いている部分です。それぞれ特徴があるので、自分に合う新聞社の社説を読んでみてください。

ただ、私は主張をしっかりインプットしてください、と言いたいわけではありません。

要約力をつけるために読むのです。

社説を読んで、文章に何が書いてあるのかを理解しようとする姿勢を持ってほしいと考えます。

各段落で何が書かれているのか、をしっかりとつかみ取ってほしいのです。

○○があった。
昔は△△で、解決された。
今は、なかなか解決することができない。
今なら、どう解決すればいいのか。私は□□すればいいと考える。

だいたいは、こういう展開になっています。
「各段落は何について書かれているのか」、それぞれ自分で考えて書いてみてください。要約してみるのです。

急激に文章力がつく瞬間

そのあとに、やっていただきたいことがあります。

社説の各段落の要約文を見ながら、自分なりに展開を変えて文章をつくり直してみるのです。

これを繰り返していくと、文章力はついていきます。

新聞を読まない人も、トレーニングのために小さな記事を読んでみてください。

この習慣を続けていたら、ある瞬間に急激に力がついたことに驚くでしょう。

翻訳書と原著を同時に読む

英語で書かれた、映画の紹介文、新聞記事を読んでみる。英語ならなんでもいいので、読んでみてください。

ビジネス書の翻訳本と、原著を並べて読み比べてみてもいいでしょう。日本語と英語の文章のつくりの違いを知り、両方のいいところを身につけてください。

世界的ベストセラーの『ティッピング・ポイント』（飛鳥新社）著者のマルコム・グラッドウェルは、とてもわかりやすくいい文章を書きます。要点を伝えることを重視する英語の文章に、ぜひ触れてみてください。

英文の記事は、一文が短く、とてもわかりやすく書かれています。図書館でも、ネット上でも多くのものを読めます。

要約力をつけるには、もってこいです。

漢詩に触れると
行間の圧縮法がわかる

有名な唐の詩人に、杜甫《とほ》という人物がいました。後に、詩聖と呼ばれるようになりました。

杜甫が残した「君不見　簡蘇徯《そけい》（君見ずや、蘇徯に簡す）」というタイトルの詩があります。蘇徯は、杜甫の友人の子供で当時20歳くらいだったと考えられています。「簡す」とは手紙を送るということです。

百年死樹中琴瑟
一斛旧水蔵蛟竜
大夫蓋棺事始定
君今幸未成老翁
何恨憔悴在山中

書き下すとこうなります。

百年の死樹《しじゅ》琴瑟《しっきん》に中《あた》る
一斛《こく》の旧水蛟竜《きゅうすいこうりゅう》を蔵《かく》す
大夫棺《たいふかん》を蓋《おお》いて事始めて定まる
君、今幸《さいわ》いにいまだ老翁《ろうおう》と成らず
何《なん》ぞ恨《うら》まん憔悴《しょうすい》して山中《さんちゅう》に在《あ》るを

１００年前に切り倒された木も琴の材料にされるかもしれない。
見捨てられた池の水にも、もしかしたら龍が住んでいるかもしれない。
同じように、人の価値は、死んでからでなくてはわからない。

君はまだ若い。山の中に隠れて、ふさぎ込んでいるものじゃないよ。

これだけの内容が、たったの35文字で表現されています。

漢詩を読んでみると、行間を読む力もついてきます。

行間に隠されている文章がある。

それは、作者が「書きたかったけど捨てる」という作業をしたということでもあります。

文章を圧縮する感覚を養うためにも、漢詩に触れる機会をつくってみてください。

『デンデンムシノカナシミ』には何匹のカタツムリが出てくるでしょうか？

児童文学作家の新美南吉《にいみなんきち》が書いた、『デンデンムシノ　カナシミ』という作品があります。

短い話で、全部カタカナで書かれています。タイトルの通り、カタツムリのお話です。

この作品を、ぜひ読んでほしいのです。青空文庫で手軽に読めます。

読んでみると、短い文章の強さを感じるはずです。

また、考えさせる文章がどういうものなのかがわかります。

ここで、３つ宿題を出します。

『デンデンムシノ　カナシミ』には、何匹のカタツムリが出てくるでしょう

か？

なぜ、このお話はカタカナで書かれているのでしょうか？

最後にカタツムリは嘆くのをやめました。なぜでしょう？

正しい正解を導き出す必要はありません。

この短文を読んで、自分なりに考えることに価値があるのです。

この文章の強さと魅力を感じ取って、自分の中に吸収してください。

第６章
まとめ

- 本を読むときに「２ページに１カ所」線を引くと要約力向上に役立つ
- 英文はわかりやすい文章表現が多いので、触れる回数を増やす
- 社説の一段落を各々要約していく
- 漢詩のつくりを学び、行間を圧縮する
- 短い文にはリズムと強さが備わっている

おわりに

文章を書くのは、なかなか難しいことです。

特に、お願いをしたり、込み入ったことを説明するための文章は、どれほど気を使ってもどこかにムダがあったり、言葉足らずになっていたりするものです。

ですが、書くことを嫌がったり怖がったりしていると、いつまで経っても文章はうまくなりません。

下手でもなんでも、とにかく書いてみることです。書いてみて、自分の文章のどこが悪いかを観察してみましょう。

接続詞が多い、主語と述語がかみ合わない「ねじれ文」になる傾向がある、テンポ良く読んでいくことができないなど、いろいろあると思います。

自分の文章の悪いところに気がついたら、とにかく基本に立ち返りましょう。

文章は、「主語＋述語」が基本なのです。

この基本形に、何を足していくか。どんな語彙で攻めていくかを考えるのです。

嘆願書の書き方とラブレターでは、語彙の使い方、言い回しなどが違ってくることは当然でしょう。つまり、自分が書こうとしている文章は、誰に向かって書いているのかを考えることが必要になってきます。

相手の立場になって、客観的に自分の文章を読むことができるようになると、文章を書く力は格段に伸びていくことでしょう。

文章には流行り廃《すた》りがあります。

1970年代は、長い文章が哲学的で格好いいと思われていました。ですが、そんな文章はもう今となっては不明瞭《ふめいりょう》だとして嫌われます。

文章は、わかりやすく、短く書く。

その短さの中に味わいを持たせる。このことを大事にして、ぜひ、文章力を鍛えてください。

書いていると、書くのが楽しくなってきます。楽しくなると、ますます文章力が身についてくるのを感じるでしょう。

2020年3月吉日

山口謠司拜

プロデュース　森下裕士
装丁　中西啓一（panix）
本文デザイン＋ＤＴＰ　佐藤千恵
校正　広瀬泉
編集　内田克弥（ワニブックス）

言葉を減らせば文章は分かりやすくなる

著者　山口謠司

2020年4月10日　初版発行

発行者　横内正昭
編集人　内田克弥

発行所　株式会社ワニブックス
〒150-8482
東京都渋谷区恵比寿4-4-9　えびす大黒ビル
電話　03-5449-2711（代表）
　　　03-5449-2716（編集部）
ワニブックスHP　http://www.wani.co.jp/
WANI BOOKOUT　http://www.wanibookout.com/
WANIBOOKS　NewsCrunch　https://wanibooks-newscrunch.com/

印刷所　株式会社美松堂
製本所　ナショナル製本

ISBN978-4-8470-9905-2